PETIT
DICTIONNAIRE
LIBÉRAL.

PETIT

DICTIONNAIRE

LIBÉRAL.

IMPRIMERIE DE COSSON.

A PARIS,

CHEZ PONTHIEU, LIBRAIRE,

PALAIS-ROYAL, GALERIE DE BOIS, N° 252.

1823.

UN MOT.

Le temps et les révolutions apportent de grands changemens dans la langue des peuples modernes, et leur impriment des variations sans nombre. Semblables à ces riches parvenus qui perdent chemin faisant le souvenir de leur origine, les mots perdent, en vieillissant, les traces de leur étymologie, et l'on courrait souvent le risque de ne plus être compris, si on les employait dans leur acception primitive.

Les partis ont aussi une langue qui leur est propre, et dont leurs interprètes font un usage fréquent. La même expression, employée par deux écrivains d'opinions différentes, a deux significations, dont il est important de connaître la valeur, afin de ne pas commettre de méprise, et de savoir à quoi s'en tenir sur le sens que lui attache l'auteur qui s'en est servi; détournée de sa première acception, souvent elle offre au parti qui l'adopte un sens mystérieux à l'aide duquel il enveloppe des idées coupables, d'un style qui semble ne rien présenter que d'innocent; quel-

quefois aussi un événement impré-
vu change la signification d'un mot
et lui donne un sens nouveau qui
fait époque dans la langue. Par
exemple, qui aurait osé penser que
le verbe *lanterner*, qui, suivant le
dictionnaire de l'Académie, voulait
encore dire *attendre* en 88, signi-
fierait *exécuter* au commencement
de 89.

C'est pour obvier à ces inconvé-
niens, et pour éclairer les lecteurs
sur leur valeur réelle, que j'ai
entrepris de traduire quelques-unes
des expressions les plus usuelles
de la langue révolutionnaire, d'en
compléter le sens par des explica-

tions naturelles, ou de le démontrer par des exemples pris au hasard dans les meilleurs orateurs du parti.

Certaines feuilles ne manqueront pas sans doute de s'élever contre l'interprétation donnée au langage de leurs écrivains favoris ; mais si, comme j'ai lieu de l'espérer, leurs critiques, que j'appelle volontiers, procurent à cet essai les honneurs d'une seconde édition, je justifierai mes citations, en les appuyant des écrits et des noms de nos publicites modernes.

PETIT

DICTIONNAIRE

LIBÉRAL.

A.

ABAISSEMENT. — Humiliation volontaire. Elle n'a pas de suites fâcheuses, à en juger par la situation brillante des esclaves de l'empire.

ABANDON. — Mesure de prudence dont il est très-important de savoir faire usage à propos. En poussant les imprudens à la révolte, on les conduit quelquefois à la mort; mais il faut avoir le courage de les abandonner au pied de l'échafaud.

ABATTOIR. — Terme qui sert à désigner le lieu où les bouchers assomment les bœufs.

En 1815 le général D... fit placarder sur les murs de Paris qu'il passerait la revue des fédérés dans les différens abattoirs de la capitale... Une femme qui venait de lire cette affiche dit en soupirant : *Encore des hommes qu'on envoie à la boucherie !*

ABATTRE. — *Verbe actif,* dont les révolutionnaires ont fait un usage fréquent. A certaine époque l'impératif *abattons,* faisait fureur. Ce verbe a passé de mode ; il a fait place au verbe *reconstruire,* dont la conjugaison est beaucoup plus difficile.

ABIME. — Temple du néant où aboutissent toutes les routes de la révolution.

ABUS. — Les révolutionnaires comprennent sous cette dénomination l'éducation chrétienne, les passeports, les réverbères et la gendarmerie.

ACADÉMIE. — Assemblée d'hommes distingués dans les lettres, les sciences et les beaux-arts ; d'où l'on voudrait exclure le prêtre qui sert son Dieu, l'écrivain qui loue son roi, le savant qui honore son pays.

ADHÉSION. — Signature de confiance qui n'engage à rien. Lettre de change tirée à vue sur la puissance qui arrive, mais qui n'a cours qu'autant que celle-ci consent à l'acquitter. On traduit assez ordinairement ces sortes de signatures par : j'adhère à la conservation de mes places ; une de moins, mon adhésion est moralement nulle.

ALARME. — Manœuvre adroite à l'aide de laquelle on ébranle la confiance et l'on fait naître l'inquiétude.

Il ne faut pas craindre de prodiguer

l'alarme : quelle que soit son invraisemblance, elle manque rarement son effet sur les esprits faibles, qui ont ordinairement la crédulité de l'ignorance et l'entêtement de la sottise.

ALLÉGORIE. — Figure de rhétorique qui peut au besoin remplacer l'injure et la calomnie : elle a le grand avantage de n'épargner ni le trône ni l'autel ; ce qui en double l'attrait pour ceux qui l'emploient.

ALLIANCE. — Union entre les gens qui ont les mêmes vœux et les mêmes projets. Les révolutionnaires ne sont pas difficiles en fait d'alliance ; ils ne s'informent pas de ce que vous voulez, il leur suffit de savoir ce que vous ne voulez pas.

AMBITION. — Maladie dont les libéraux e prétendent guéris depuis qu'on a déclaré que les emplois ne seraient accordés qu'aux véritables amis du Roi et de la Charte.

Il serait cependant possible qu'une majorité nouvelle qui donnerait à gauche, réveillât en eux cette maladie, et l'on sent combien une rechute deviendrait alors dangereuse.

AME.—Elle est toujours immortelle en France, en vertu d'un décret de la Convention nationale, du 7 mai 1794, rendu sur le rapport de M. Robespierre, dont les dispositions n'ont pas été abrogées.

AMENDEMENT. — *Changement en mieux.*

Un libéral ne s'amende pas, quelles que soient les faveurs dont il est l'objet, ou les grâces dont le souverain a daigné le combler. (Voir à ce sujet la lettre de M. le comte B..., pair de France.)

Un *amendement* est aussi le nom d'une

mauvaise plaisanterie qu'un député de l'opposition fait à la Chambre pour lasser sa patience ; à cette fin on amende, on sous-amende dix fois le même article d'une loi dont on veut retarder l'adoption :

Et cela fait toujours passer une heure ou deux...!

AMNISTIE.—Pardon politique qui dispense de toute espèce de reconnaissance.

AMORCE. — *Appât.* Les mots *gloire*, *honneur*, *liberté*, *patrie*, sont des amorces avec lesquelles on prenait autrefois autant de peuple qu'on voulait. Depuis quelque temps il ne mord plus à l'amorce, parce qu'il a aperçu l'hameçon.

AMOUR FILIAL. — Bonaparte avait débarrassé les enfans de ce vieux préjugé. L'éducation soldatesque qu'ils recevaient, pour ainsi dire, au sortir du berceau, tournait

toutes leurs pensées vers la carrière militaire; ils avaient tant d'amour pour la patrie
et pour les épaulettes, qu'il ne leur en res-
tait plus pour leurs familles.

ANARCHIE.—Paradis des Jacobins, car-
naval des doctrinaires, enfer des honnêtes
gens.

ARBITRAIRE. — On désigne ainsi toute
mesure politique qui tend à assurer la paix,
à protéger les citoyens, à garantir l'état des
troubles des factieux. Exemple : *N**, *ac-
cusé de rébellion et pris les armes à la
main, a été arrêté, jugé et condamné
arbitrairement.*

On ne comprend pas sous cette dénomination le décret impérial du 15 mars 1815,
qui condamnait à mort le vicomte *de la
Rochefoucault*, le maréchal *Marmont*,
l'abbé de *Montesquiou*, etc., et ordonnait

la confiscation de leurs biens ; ni le décret qui exilait les gardes du corps du Roi à trente lieues de Paris ; ni mille autres décrets rendus sous l'empire ou pendant les cent jours.

ARMÉE.—Réunion d'hommes disciplinés, qui ne reconnaissent pour chefs que ceux qui leur plaisent, et ne leur obéissent encore que selon leur bon plaisir.

Un grand orateur l'a dit, long-temps après le 13 vendémiaire : « L'obéissance militaire » est conditionnelle quand le visage du sol- » dat est tourné vers la figure du citoyen ; » il n'en est pas de même quand ce dernier » lui tourne le dos. »

Sous Napoléon, et lorsque l'armée se composait de Belges, d'Italiens, de Hollandais, de Badois, de Wurtembergeois, de Bavarois, et même de Mamelucks, elle était grande, patriotique, nationale. Elle a perdu tous ces avantages depuis qu'elle n'est composée que de Français, et qu'elle est destinée à défendre le trône et la patrie.

Aux yeux des royalistes, l'armée française est la gloire du passé et l'honneur de l'avenir.

ASSASSINAT. — Action qui change de nom suivant les personnages qui la commettent. On dit, dans la langue révolutionnaire : *le crime* de Charlotte Corday, *l'étourderie* de Gravier, le *dévouement* de Louvel, et *l'erreur* de Sand.

B.

BARBARIE. — Expression dont on se sert pour désigner le temps qui s'est écoulé depuis Pharamond jusqu'à l'établissement de la République française.

Quelques grands politiques prétendent que la civilisation n'a commencé en France qu'avec la guillotine. Les libéraux eux-mêmes trouvent un peu d'exagération dans cette manière de voir.

BASSESSE. — Qualité encore plus essen-tielle que l'audace pour parvenir, attendu qu'elle expose à moins de danger.

BATAILLE. — Jeu que la France a joué avec un succès inouï pendant quelques an-nées, mais auquel elle a perdu ensuite tout ce qu'elle avait gagné, son fondé de pouvoirs ayant imprudemment exposé dans une seule partie tout ce que la France lui avait confié.

Un pareil jeu n'était pas du goût des hommes sensés, qui prévoyaient l'issue funeste qu'il devait avoir ; mais certaines gens le regrettent beaucoup. Il ne coûtait guère que quatre à cinq cent mille hommes par an, et rapportait près de trois mille épaulettes.

BERCEAU. — Petit meuble contre lequel sont venues se briser toutes les espérances révolutionnaires.

BIEN-BIENS. — Il y a une grande différence dans la signification de ces deux mots, quoique au premier coup d'œil l'un semble être le pluriel de l'autre. Les révolutionnaires ont autant d'horreur pour *le bien* que d'amour pour *les biens*.

BIENS NATIONAUX. — Texte admirable sur lequel on peut broder toutes sortes de déclamations. Il n'y a point de discussion politique dans laquelle un homme adroit ne puisse faire intervenir les biens nationaux.

Rappelle-t-on à l'ordre un député libéral, *on attaque les biens nationaux.*

Se moque-t-on de l'éloquence cavalière d'un orateur gaucher, *on attaque les biens nationaux.*

Rétablir la censure, écarter un candidat libéral, voter dans le sens du gouvernement, saisir le *Constitutionnel*, protéger la religion, encourager la fidélité, récompenser le dévouement, punir la trahison, c'est toujours *attaquer les biens nationaux.*

On voudrait se procurer l'attestation d'un acquéreur qui aurait été tourmenté, afin d'appuyer par un petit exemple ces déclamations qui commencent à s'user et qui finiront par perdre tout leur crédit faute d'une preuve qu'il devrait être facile de faire ou de donner.

BIOGRAPHIE DES HOMMES VIVANS. — Assassinat littéraire, exécuté par livraisons. — Appât offert à la méchanceté publique. — Piédestal sur lequel on pose les coryphées de son parti. — Un des moyens les plus efficaces d'outrager les hommes qui ne partagent pas notre opinion. — Grâce à d'adroites équivoques, on peut calomnier en paix les nobles adversaires dont on redoute le courage, le talent et la loyauté.

BLANCHIR. — *Rendre blanc.*

Il se dit des choses et des personnes, comme dans cette phrase : on a long-temps fait des efforts inutiles pour *blanchir* le côté gauche de la Chambre.

La restauration a *blanchi* le drapeau tricolore.

BONNET. — Coiffure qui a long-temps orné le front des révolutionnaires. On l'avait empruntée aux galériens, à qui on défendit de la porter ; elle était couleur de sang pour mettre en harmonie la tête et le cœur. Lorsqu'il s'agissait de condamner à mort un honnête homme, les révolutionnaires opinaient du bonnet.

BONS HOMMES (*Assemblée des*). — Sobriquet donné à une réunion dangereuse de savans et de gens de lettres, qui combattent avec talent les doctrines révolutionnaires.

BOUE. — Lieu d'où nous avons vu sortir beaucoup de spéculateurs en habits brodés.

BRAILLARD. — Adjectif qu'on emploie pour peindre un homme qui parle souvent, beaucoup, et presque toujours mal à propos. (*Voyez* les interruptions des séances de la Chambre des députés.)

BRAVOURE. — Vertu indigène, selon les royalistes. Ils admirent les soldats de *Fontenoy* et ceux de *Marengo*, les batailles de *Bouvines* et d'*Austerlitz*, et se glorifient d'être les compatriotes de *Catinat* et de *Kléber*, de *Turenne* et de *Macdonald*.

Le dictionnaire révolutionnaire est plus réservé ; il ne voit point de braves là où il ne trouve que de fidèles serviteurs de la monarchie : ce titre n'appartient, selon lui, qu'à ceux qui attaquent le trône ; on le perd en le défendant.

On dit dans cette langue le brave *Riego*, le brave *Pepé* ; on ne dit plus le brave *Cambronne*.

BRUTUS. — Les héros de ce nom sont l'exemple des pères et le modèle des fils.

C.

CALAMITÉ. — La plus grande pour un libéral est d'être soumis aux lois et aux princes qu'il n'a pas faits.

CALCUL. — Voyez *Opinion*.

CALOMNIE. — Arme libérale ; le grand usage qu'on en a fait l'a singulièrement émoussée.

CANAPÉ. — Espèce de camp volant où se rassemblait autrefois l'armée des doctrinaires ; il s'est brisé dans une secousse politique. Les trois quarts des débris de ce meuble sont restés dans un coin de la chambre à gauche.

CÉLÉBRITÉ. — Les révolutionnaires la regardent comme une peine infamante.

CENSURE DRAMATIQUE. — Mesure vexatoire qui entrave la pensée et tue le génie. Voir à ce sujet les quatre-vingts représentations de *Sylla* et de *Régulus*.

C'est à tort que les royalistes l'ont baptisée du nom de *Lazareth littéraire*.

CENSURE LITTÉRAIRE. — Fonction très-honorable sous l'empire, parce qu'alors elle était exercée par les serviteurs de Napoléon. Elle a cessé d'être en honneur depuis qu'elle est remplie par des hommes attachés à la famille des Bourbons.

CHAINE. — *Signe d'esclavage*. Les libéraux ont une aversion extrême pour toutes les chaines... qui ne sont pas dorées.

Une *chaine* est aussi un lien composé d'anneaux. « Les doctrinaires sont le premier « anneau de la *chaine* libérale. »

CHANSON.—Petit poème autrefois sans

conséquence, et qui n'était remarquable que par sa gaîté ; la révolution lui a donné de l'importance ; la chanson a servi de proclamation et d'appel au peuple dans les belles journées de 90 et 91 ; elle a souvent ranimé l'ardeur chancelante des patriotes, témoin ce joli refrain :

Ah ! ça ira , ça ira , ça ira ,
Les aristocrates à la lanterne.

Il est à regretter que la chanson ait perdu cette allure franche et énergique qui l'élevait au-dessus des autres productions littéraires.

CHARLATANISME.—Science qui entre dans l'éducation politique, et à laquelle de grands orateurs modernes ont dû leur célébrité populaire.

CHARTE. — Livre singulier , dont les

caractères ont cela de bizarre, qu'en les regardant *à droite* on lit : Respect à la monarchie, obéissance aux lois, garantie des libertés publiques et des intérêts anciens et nouveaux ; tandis que ceux qui s'obstinent à les lire *à gauche* prétendent n'y trouver que l'apologie de la révolution et le triomphe de la démocratie.

CLÉMENCE. — La vertu royale qui fait le plus d'ingrats.

CLOTURE. — Le seul mot avec lequel on puisse fermer la bouche aux libéraux.

CŒUR. — Les royalistes l'ont à gauche ; on ne sait pas encore au juste où est placé celui des révolutionnaires.

COMMERCE. — Il est perdu depuis que nous avons la paix, que nos rentes sont à 92, et que Paris est trop petit pour contenir les boutiques nouvelles qui s'élèvent tous les jours.

L'activité de la conscription avait ouvert de grandes ressources à l'industrie ; la paternité était devenue une spéculation : on élevait avec soin ses enfans, pour les vendre ensuite à des prix fort raisonnables. La paix, en anéantissant ce commerce paternel, a privé les familles d'une branche d'industrie qui ajoutait beaucoup à leur prospérité intérieure.

CONCESSION.—La chose la plus importante à obtenir d'un gouvernement qu'on n'aime pas, attendu qu'après avoir *sollicité* la première et *demandé* la seconde, on *exige* la troisième et que l'on *prescrit* la quatrième.

CONQUÊTE. — On a long-temps appliqué ce mot aux villes conquises et gardées par Louis XIV. On s'en sert aujourd'hui pour désigner les pays conquis et perdus par Napoléon.

CONSPIRATEUR. — Homme intéressant qui ne veut bouleverser son pays que pour avoir de l'emploi.

CONSTANCE. — Selon les libéraux, elle est une vertu, à gauche; une sottise, à droite.

CONSTITUTION. — Les révolutionnaires regardent celle qu'ils ne peuvent avoir comme la meilleure de toutes.

La constitution anglaise a beaucoup perdu dans leur esprit depuis qu'ils se sont aperçus qu'elle était aussi favorable au pouvoir royal qu'à la liberté du peuple. En revanche la constitution des Cortès, renouvelée de 91, a conquis tous leurs suffrages. Elle les doit particulièrement à l'avilissement dans lequel elle tient le monarque, qui d'un moment à l'autre peut *très-constitutionnellement* passer du trône à l'échafaud.

CONVENTION. — Assemblée d'hommes exempts de préjugés, qui ont fait faire un grand pas à leur siècle. Cette assemblée s'est surtout immortalisée par la précipitation et le courage avec lequel elle a condamné son roi.

On offre la conduite de la Convention à la méditation des Cortès espagnoles.

CONVENTIONNEL. — Honnête homme qui n'a à se reprocher que la mort de son roi et le massacre de cent mille Français.

CONVERSION. — Lorsque son intérêt l'exige, un libéral peut faire un quart de conversion à droite ; mais il est tenu de retourner à gauche, sitôt qu'il a obtenu ce qu'il désirait.

CORNEILLE. — Auteur tragique estimé, qui serait un grand homme sans ses préfaces. On lui reproche aussi des vers hasardés comme celui-ci :

Le pire des états, c'est l'état populaire.

CORROMPRE. — Verbe actif dont l'emploi ne peut que tourner à l'avantage et à la propagation des idées révolutionnaires.

COTERIE. — Pépinière de grands hommes qui mettent leurs amis dans la confidence de leur célébrité, avant de mettre le public dans le secret de leur mérite. —Atelier de médisance où l'on condamne ses maîtres, et où l'on exécute ses rivaux en effigie.

COURBETTE. — Exercice que les libéraux ont cessé de faire, depuis qu'ils ont perdu le chef qui les faisait mouvoir.

CROYANCE.—Affaire de goût.

CUIRASSE. — Un libéral est cuirassé de patriotisme, ce qui le rend invulnérable jusqu'au moment où l'ambition, l'intérêt ou l'amour-propre trouve le défaut de la cuirasse.

D.

DÉMORALISER.—Danton disait à Fou-
quier-Tainville, qui venait de faire condamner à mort des gens du peuple : —*Que vous
restera-t-il quand vous aurez DÉMORA-
LISÉ le supplice ?*

DÉPUTÉ.—Homme qui prête serment de
fidélité au Roi, et fait l'éloge de la cocarde
tricolore ; qui concourt à la confection des
lois et refuse de les voter.

Quelquefois il arrive que dans les discussions financières ou administratives de loca-
lité, un député ne peut pas plaider publiquement les intérêts du département qui
l'a nommé, parce qu'il ne le connaît pas.

DESPOTISME. — En se rappelant avec
quelle soumission les libéraux se prêtaient

aux moindres désirs de Napoléon, et leur empressement à exécuter ses ordres souverains, on ne les aurait jamais soupçonnés de haïr le despotisme. Ce noble sentiment est entré dans leur âme le lendemain de la chute de Bonaparte.

DESTITUTION.—Mesure contre laquelle on ne saurait trop s'élever quand elle frappe un libéral, et qui paraît de toute justice quand elle atteint un royaliste.

DÉVOUEMENT.— Vertu qui doit durer autant que la puissance de celui qui en est l'objet; ce qui en rend la pratique excessivement commode.

DIFFAMATION.—Plaisanterie qui déshonore un homme, et dont on n'a pas besoin de recommander l'usage aux écrivains révolutionnaires.

DISCOURS POLITIQUE.—Machine incendiaire propre à remuer les passions, à soulever les citoyens, à les conduire à la révolte. Il s'en est fait pendant quelque temps un débit prodigieux qui a eu cependant moins de succès qu'on ne l'espérait ; cela tient peut-être à ce que les ressorts qui font mouvoir la machine commencent à être trop à découvert.

DISTRACTION. — Défaut qu'il faut éviter avec soin, parce qu'il mène plus loin qu'on ne pense. Un membre du comité de salut public a signé par distraction vingt mille condamnations à mort ; cela ne lui a pas fait de tort dans son parti, mais cela lui a donné la réputation de l'homme le plus distrait de la république.

DOUTE.—Un des grands moyens d'affaiblir le respect dû au gouvernement est de douter toujours du bien qu'on lui voit faire.

DROITS. — Le peuple a des droits ; le souverain n'a que des devoirs.

DUPE. — Ce mot a pendant long-temps été le synonyme de royaliste. Les libéraux regrettent qu'il change d'acception.

E.

ECHAFAUD.—Le moyen le plus expéditif pour assurer le succès d'une révolution. Les Jacobins plaçaient la liberté sous la protection de l'échafaud.

ECHEC. — Perte considérable.—Election de 1822.

ECHO.—La révolution française a trouvé des *échos* à Naples, à Madrid, à Lisbonne, à Turin, au Brésil, au Mexique.

Le 7 juillet 1822 est l'*écho* du 20 juin 1792.

ECOLE.—En appelant à la chambre un assassin de Louis XVI sous le règne de Louis XVIII, les révolutionnaires firent une *école*.

ECOLIER.—Jeune homme qui s'amuse à régenter le gouvernement. -- Quatrième pouvoir de l'état.—Secours invoqué par les orateurs libéraux dans les grandes occasions.

EGAL.—Ce mot exprime la bonne opinion qu'a de lui-même un libéral. Exemple : *Je suis l'égal de M. le Duc.* Ou le mépris qu'il fait des autres : Ex. *M. le Duc est mon égal.* On n'emploie pas ce mot en parlant des artisans ; jamais un libéral n'a dit : *Je suis l'égal de mon cordonnier, ou mon perruquier est mon égal ;* et cependant il y aurait quelquefois de l'orgueil à s'exprimer ainsi.

EGALITÉ. — Procédé admirable qui a d'abord servi à détruire une noblesse, ensuite à en créer une autre, et dont le résultat définitif a été d'en faire reconnaître deux.

(31)

EGLISE.—Lieu où un prêtre ne saurait prêcher la parole de Dieu sans s'exposer à être mystifié par un libéral , ou lapidé par un révolutionnaire, en vertu de l'article de la Charte qui proclame la liberté des cultes.

EGOUT.—Dernier Panthéon de Marat.

ELECTEUR.—Personnage qui , moyennant cent écus, concourt à la nomination de ses députés. Tout électeur qui se soustrait aux ordres du comité directeur est regardé comme un *esclave* ; c'est bien pis encore si c'est un fonctionnaire qui vote en faveur du gouvernement qui l'emploie..... Les libéraux ne reconnaissent de *votes libres* que ceux qu'ils ont *imposés*.

ELOGE.—Arme perfide par l'usage qu'on en fait, et avec laquelle on peut blesser à mort son adversaire. Beaucoup d'honnêtes gens ont été tués par cette arme, et n'ont pu se relever d'un éloge du *Constitutionnel*.

EMOLUMENS.—Voyez *Patrie, Dévouement*, etc. , etc.

EMPLOYÉ. — Homme qui ne doit rien au gouvernement qui le paye.

On pardonne aux plus timides d'ètre royalistes de *neuf* heures du matin à *quatre* heures du soir, pourvu qu'ils soient libé- raux le reste de la journée.

ENNUI.— M. G..., qui l'avait d'abord dis- tribué en volumes, l'a mis en brochures pour la commodité du public.

ENTHOUSIASME.—Grand bruit fait à l'aide de machines humaines qu'on fait mou- voir par des ressorts argentés. — Il était hors de prix sous l'empire.

ENVENIMER. — Le grand art de cor- rompre les meilleures intentions, de paralyser l'heureux effet que pourrait produire sur l'esprit du peuple un acte, une promesse du pouvoir. Plus l'acte est important et la promesse loyale, plus il est nécessaire d'en torturer les expressions, afin de leur communiquer ce venin politique qui absorbe l'espoir, détruit l'amour et tue la confiance.

ESCLAVE.—Un royaliste l'est de ses devoirs, un libéral de ses passions.

ESPRIT DE PARTI. — Voyez *Impartialité*.

ESTIME. — Substantif féminin, qui n'ajoute rien à la considération dont on jouit dans son parti, et qui n'est pas d'une nécessité absolue pour porter agréablement le fardeau de la vie. Les révolutionnaires sont assez philosophes pour n'y attacher aucun prix. La plupart s'en passent volontiers.

EXCELLENCE.—Titre *monarchique* à l'usage des ministres *républicains*.

F.

FAUTE.—On appelle de ce nom les crimes inutiles.—L'assassinat du duc d'Enghien est *une faute.*—Il s'est commis bien des *fautes* dans la révolution.

FÉODALITÉ. — Objet constant de la haine des libéraux, ainsi que le prouvent les majorats de l'empire.

FIDÉLITÉ. Voyez *Trahison, Par jure, Félonie*, et autres synonymes.

FIÈVRE.—Mouvement de la masse qui la pousse à des actions énergiques dont on aurait tort de lui garder rancune : le pillage de la maison Réveillon, l'incendie des châteaux, l'orgie de Versailles, les crimes du 10 août, du 2 septembre, sont des accès de

fièvre dont la populace est guérie.... *radi-*
calement.

FORCE.—Les royalistes traduisent ce mot
par justice. — Suivant eux on n'est fort
qu'autant qu'on est juste. Les révolutionnaires ont une manière de voir toute dif-
férente; ils subordonnent la justice à la force.
C'est aussi dans cette dernière qu'ils placent
le droit.

FRANÇAIS.—Il y en a de deux sortes : les
véritables se reconnaissent à la haine qu'ils
portent au gouvernement, à la franchise
avec laquelle ils attaquent le pouvoir, au
soin qu'ils apportent à dénigrer les institutions de leur patrie qu'ils placent au-dessous
des institutions étrangères. Un véritable
Français proclame la supériorité de l'industrie anglaise et s'humilie devant l'énergie
espagnole ; il est Grec, Portugais, Améri-

cain, Polonais, Mexicain, mais il n'est ja—
mais de son pays.

FRANCE.—Beaucoup de libéraux ne veu—
lent pas croire qu'il y en avait *une* avant 89.

G.

GALIMATIAS. — Eloquence des doctrinaires.

GANACHE. — Adjectif qu'on a employé
pour désigner les militaires qui servaient
avant la révolution, et qu'on emploiera
peut-être bientôt pour désigner ceux qui
ont servi depuis.

GÉNÉREUX.—Il y a bien long-temps
que l'on en avait fait le synonyme de *libéral*.

GLOIRE. — Excellent refrain de vaude-
ville. — Parachute des pièces modernes.—
L'une des rimes qui donnent le plus de peine
aux amis du lustre.—La gloire a réussi en volumes, en brochures, en couplets ; depuis qu'on

ne se bat plus pour l'obtenir , il s'en fait une consommation extraordinaire sur le papier. —Beaucoup de ceux qui en parlent ne la connaissent pas encore.

GOBEMOUCHE.—Celui qui croit au patriotisme des libéraux , au désintéressement de l'opposition, à la modération du *Courrier*, à la bonne foi du *Constitutionnel* et à l'esprit du *Pilote*.

GOUVERNEMENT REPRÉSENTATIF. —Gouvernement où la majorité n'a raison que quand elle donne à gauche.

GRAND.—Titre que les libéraux donnent à Napoléon et refusent à Louis XIV.

H.

HÉROIQUE. — Adjectif qui sert à qualifier décemment la partie saine, la portion éclairée de la population qui s'insurge contre l'autorité royale.—*Héroïque Espagne..!* On l'emploie également pour désigner un guerrier célèbre qui se sauve. — *L'héroïque Pépé.*

HONNEUR. — Substantif masculin. Les libéraux ne l'apprécient qu'au pluriel.

HUMANITÉ.—Vertu qu'il ne faut prodiguer qu'avec la plus grande économie, attendu qu'on l'accuse de retarder la marche et les progrès des révolutions.

HALTE. — *Pause.* Beaucoup de gens se persuadent que la révolution française n'a fait qu'une *halte.*

HÉRÉDITÉ. — Usage en vertu duquel un fils hérite des biens de son père. On ne sait pas pourquoi on a autorisé l'introduction de cet usage dans les familles royales.

I.

IMPARTIALITÉ. — Qualité dangereuse dont il faut se dépouiller dans le jugement qu'on porte des personnes qui professent une autre doctrine que la nôtre. L'impartialité des libéraux est contenue dans ce vers :

Nul n'aura de l'esprit que nous et nos amis.

IMPRIMERIE. — Invention merveilleuse, à laquelle on pardonne d'avoir servi d'abord à propager les doctrines religieuses et monarchiques, en faveur de la facilité avec laquelle elle s'est prêtée depuis à les combattre.

INCONSÉQUENCE. — Sorte de logique commune aux grands publicistes libéraux. Dans le récit historique sur la restauration de la royauté en France, ouvrage de l'archevêque de Malines, on trouve ces deux phrases : *Lorsque mon tour fut venu de parler, j'éclatai par la déclaration que* NOUS ÉTIONS TOUS ROYALISTES, *que* TOUTE LA FRANCE *l'était comme nous* (pag. 69) ; et puis (pag. 70) : *Si l'on eût adopté la régence, qu'auraient eu à opposer les royalistes en* BIEN PETIT NOMBRE....... *!*

Et voilà justement comme *il* écrit l'histoire !

INCONSTITUTIONNEL. — Tout ce qui se fait dans l'intérêt de la religion et de la monarchie.

INDÉPENDANT. — Le Dictionnaire des gens du monde prétend que ceux qui se proclament les plus indépendans sont quelquefois les plus esclaves, et qu'en fait de spéculation ce rôle est aussi productif qu'un autre. Le Dictionnaire des gens du monde est en fait de libéralisme une autorité que nous nous garderons bien de contredire.

INGRATITUDE.—Ce vice du cœur est parfaitement défini dans l'ambassade de Varsovie de M. de Pradt.

INJURE. —Raisonnement à l'usage des discussions libérales.

INSURRECTION.—Le plus saint des devoirs, suivant un orateur que la révolution a canonisé. — Cette maxime ne s'étend pas jusqu'à la *Seu d'Urgel.*—On doit protéger les insurrections faites en faveur des peuples et combattre celles qui se forment en faveur de la royauté.

Douter de l'attachement des royalistes pour la Charte et de la fidélité d'un soldat français au drapeau de Bayard, sont des injures sans conséquence qu'on se permet dans l'intérêt de son parti.

INVENTION (*brevet d'*). — Il est dû depuis long-temps aux nouvellistes libéraux.

J.

JOURNALISTE. — Homme qui pense pour ses abonnés. — Ecrivain quotidien qui avec un *on dit* bouleverse l'Europe, fait la guerre ou la paix, dénature les faits et invente des événemens ; à l'aide d'une petite précaution oratoire calomnie avec politesse les hommes les plus recommandables, outrage avec esprit les dogmes les plus sacrés, quitte à se rétracter le lendemain, et à recommencer ensuite.

JOURNAL (abonné de). — Homme qui reçoit son opinion toute faite chaque matin, et qui lui est fidèle toute la journée.

JOURNAUX. — Excellente spéculation d'intérêt pour les gens d'esprit qui font du libéralisme à tant par mois, et du patrio-

tisme à tant la feuille. — Fabrique de men-
songes à l'usage des esprits faibles et des
âmes crédules.

JURY. — Institution qui n'atteindra la
perfection dont elle est susceptible que lorsque la nomination des jurés sera laissée en-
tièrement au choix des prévenus.

L.

LACHE.—Qui est sans cœur, sans courage. Les royalistes prétendent que ce mot-là n'est pas français. Les jacobins soutiennent le contraire; ces derniers ont eu beaucoup d'exemples en leur faveur.

LANTERNE. — Sorte d'ustensile qui, à l'aurore de la révolution, a été d'un grand secours pour la propagation des lumières.

LANTERNER.—Attendre, en 88 : exécuter, en 89.

LAURIER. — Arbre vert qui, suivant les libéraux, n'aurait pas été cultivé en France avant la prise de la Bastille.

LÉGITIME.—Tout est légitime dans la langue libérale, excepté la légitimité.

LIBELLE. — Artillerie légère dirigée contre le gouvernement.

LIBÉRAL.—Peuple assez difficile à bien définir ; il tient en apparence du royaliste constitutionnel de France ; mais en l'approchant de plus près on s'aperçoit qu'il a beaucoup de ressemblance avec les *Radicaux* de Londres , les *Carbonari* de Naples, et les *Descamisados* de Madrid; ce qui pourrait faire craindre qu'il ne descendît en ligne indirecte des révolutionnaires de Paris.

LIBERTÉ.—Voyez *Licence*. Il faut se défier des charlatans politiques qui, après avoir long-temps servi, défendu et professé le despotisme impérial, spéculent aujourd'hui sur la liberté.

LIBERTÉ (*arbre de la*). —N'a pas pu se naturaliser en France. Il ressemble au Mancenillier, ses fruits donnent la mort.

LIBERTÉ DE LA PRESSE.—Faculté d'attaquer ouvertement sans danger, et surtout sans poursuite, la religion et la monarchie. Permission légale d'injurier et d'avilir le gouvernement sans être obligé d'avoir recours aux allusions et aux allégories, qui, malgré leur transparence, ont le grand inconvénient de n'être pas à la portée de tout le monde. Le mensonge et la calomnie font partie de la liberté de la presse ; sans eux elle n'est pas complète.

LIBERTÉ DES CULTES.—Voy. *Pétard.*

LIBRE.—Un citoyen n'est pas libre tant qu'il ne peut pas à son gré flétrir la justice, déshonorer les magistrats, avilir le gouvernement, vanter la révolte, railler le sacerdoce et diffamer ses ministres.

LICENCE. —Voyez *Liberté de la presse* et *Liberté des cultes.*

M.

MAGISTRAT. — Personnage que la confiance du gouvernement doit priver de toute espèce de considération.

MANDAT.—On s'imaginerait à tort que celui d'un député doit être de donner l'exemple du dévouement au Roi, de la fidélité à la Charte, et de l'obéissance aux lois. S'il en était ainsi, un député vraiment libéral n'aurait rien à faire à la Chambre.

MASQUE. — Bonaparte avait forcé les libéraux d'en prendre un : ils l'ont jeté depuis sa chute.

MÉCONTENT. — Homme porté pour *mémoire* sur le contrôle des libéraux.

MINISTÈRE.—Petite surface de terrain

que les chefs de l'armée libérale ont souvent tenté d'enlever de vive force ; tous les
ans ils reviennent à la charge lorsque la
campagne législative s'ouvre par la bataille
des élections; mais comme ils perdent toujours du monde et des forces à cette bataille
annuelle, leurs rangs en s'éclaircissant de
jour en jour ne leur donnent plus l'espoir
de s'emparer de ce poste important.

On a tort de penser que les libéraux n'ai-
ment pas le *ministère* ; ils ne haïssent que
les *ministres*.

MINISTRE D'ÉTAT. — Emploi très-important la veille de la destitution du baron
L...., et fort inutile le lendemain.

MODÉRATION.—Lâcheté dans la force ,
vertu dans la faiblesse.

Crime capital puni de mort par les jacobins lorsqu'ils présidaient à l'institution gé-
néreuse des comités révolutionnaires.

MOI. — Le mot qui occupe le plus de place dans la langue libérale.

MONARCHIE.—On ne doit la considérer que comme une espèce de république dont le souverain est le premier employé.

N.

NATION.—Traduction un peu libre du pronom *Je* qui sert à donner de l'importance au discours. Au lieu de *je veux*, dites : LA NATION VEUT... ; au lieu de *je repousse*, dites : LA NATION REPOUSSE, etc. Il y a toujours de bonnes gens à qui la peur grossit la vue.

NOBLESSE.

Les royalistes en reconnaissent deux qu'ils confondent ensemble.

Les libéraux n'en reconnaissent qu'une : la dernière venue.

Les républicains ne reconnaissent que la leur.

Les révolutionnaires n'en reconnaissent aucune.

NON. — Syllabe que les libéraux ont oublié de prononcer sous le régime impérial.

O.

OBSCURITÉ. — Lumière des doctrinaires.

OPINION. — La véritable opinion se fait à la bourse, elle varie de 75 fr. à 94 fr. 50 c. ; plus le cours baisse, plus l'opinion s'améliore.

OPPOSITION. — L'ennemie du dévoûment ; la véritable opposition ne connaît point de bornes, elle renverse tout ce qui lui fait obstacle ; son but est bien moins d'améliorer ce qui existe que de recréer ce qui n'existe plus.

OUBLI. — Voyez *serment.*

On doit *oublier* le mal qu'on fait et le bien qu'on reçoit.

Un vrai libéral oublie les *crimes* de la révolution et se rappelle les *fautes* de la monarchie. Sa mémoire retient le nom de Louis XI et ne se souvient pas de ceux de Marat, Robespierre, etc., et autres.

P.

PATRIE.—Le pays où l'on est né, suivant l'académie ; le trône, les lois, les institutions suivant les royalistes ; le sol pour les libéraux ; la maison pour les chats.

Quelquefois, au lieu de dire : J'ai de l'emploi, je suis réformé, un libéral dit : La patrie est perdue, la patrie est sauvée ; il ne faut pas prendre cela au pied de la lettre.

Le mot PATRIE se prend aussi pour *avancement, cordon, fortune, pension, traitement, dignités.*

« Une patrie est un composé de plu-
» sieurs familles, et comme on soutient
» communément sa famille par amour-pro-
» pre, lorsqu'on n'a pas un intérêt con-
» traire, on soutient par le même amour-
» propre sa ville ou son village qu'on ap-
» pelle sa patrie.

» Plus cette patrie devient grande, moins
» on l'aime. »   (*Voltaire.*)

PASSÉ. — *Ce qui n'existe plus.* L'empire et antérieurement la république. Pour cacher leur attachement au *passé* les libéraux accusent les royalistes de tenir au *plus-que-passé.*

PEUPLE.—Espèce difficile qui n'est jamais contente de ce qu'on fait pour elle.

C'est pour le bonheur du peuple qu'on a renversé le trône, aboli la noblesse, massacré les prêtres, inventé la république, essayé l'empire, envahi l'Espagne, attaqué la Russie, conquis l'Egypte, créé les majorats, fait et défait des rois, des princes, des ducs, doublé les impôts, *décimé la population,* et, peu reconnaissant de tous les sacrifices faits à sa prospérité, le peuple abandonne ses amis et donne sa *démission.*

PLAISANTERIE. — Le hasard fait les bonnes et les mauvaises.—*Ils n'en sortiront pas*, a l'air d'une mauvaise plaisanterie , et certes ce n'est pas la faute de l'orateur si les Napolitains n'en ont pas fait un *bon mot*.

POLICE.—Invention infernale qui, sous prétexte de maintenir l'ordre , empêche de le troubler.

POLITIQUE (la). — Assaisonnement des discussions qui n'y ont pas le moindre rapport. — Base de toutes les critiques littéraires. — La politique libérale n'admet pas l'éloge d'un écrivain royaliste.

POPULARISER.—Ancien verbe personnel qui était devenu actif dans la langue révolutionnaire. Les libéraux ont tenté de remettre sa conjugaison en vogue ; mais comme ce verbe est très-irrégulier, il ne peut pas réussir dans tous les temps.

PRÉFECTURE-PRÉFET.—Emploi qui, dit-on, est incompatible avec le libéralisme; comme s'il était nécessaire d'aimer un gouvernement pour le servir, d'après le dialogue suivant, où on a calculé qu'un préfet de moins donnait un libéral de plus.

N.... *Qu'es-tu devenu depuis que tu n'es plus préfet?*

S. G.... *Je suis devenu libéral.*

PREUVE.—Ce qui établit la vérité d'une chose, et ce qu'un journaliste libéral peut se dispenser de fournir lorsqu'il s'agit d'un fait.

PRINCIPES.—La chose du monde la plus

futile et de laquelle il faille le moins s'em-
barrasser.—Les principes ne sont bons qu'à
arrêter l'élan d'une honorable ambition,
qu'à éloigner un homme de la carrière des
honneurs.—C'est du moins ce que l'on doit
penser en voyant le grand succès de tant
d'hommes sans principes.

PRISON.—Monument élevé à la liberté,
qui atteste celle dont on jouissait en 93.

PRIVILÉGE. — Vieille expression empruntée à une langue morte.—On s'en sert
de temps en temps pour effrayer les igno-
rans qui ne la comprennent pas ; ceux qui
en font usage s'amusent des frayeurs qu'elle
cause. Ils savent bien qu'il est impossible de
la remettre en vigueur.

PROBITÉ. — Superflu qui vous prive
souvent du nécessaire. — Vertu privée qui
s'oppose à l'entier développement des vertus
politiques.

Q.

QUIPROQUO.—Prendre une chose pour une autre, se tromper. Ces méprises sont dangereuses, surtout lorsqu'on prend *les libéraux* pour des amis de la Charte, et *les libéralès* pour des amis du Roi.

R.

RECOMMANDABLE.—Tout homme cité devant un tribunal pour avoir outragé à la morale, insulté à la monarchie, est un homme recommandable; il n'en est pas de même de ses juges.

RÉGICIDE.—Dernière conséquence des maximes de la révolution. Les révolutionnaires prétendent que l'on a donné ce nom aux juges de Louis XVI pour les priver de la confiance de Louis XVIII.

RÉPUGNANCE. — L'une des expressions de la langue les plus difficiles à bien placer. On ne saurait trop prendre de précaution pour l'employer. Un orateur libéral a failli perdre son crédit pour s'en être servi à contre-sens.

RÉVOLTE.—Remontrance à main ar-
mée , à l'usage des gens qui veulent se faire
généralissimes une heure ou deux.

Un gouvernement monarchique doit éviter avec le plus grand soin de mécontenter
un individu dans la crainte qu'il ne se révolte.

RÉVOLUTION.—Épuration nationale.—
Elle se fait avec le fer et le feu.—On l'opère
en masse à l'aide des supplices et des confisca-
tions.—Sa marche est la même dans tous les
pays et à toutes les époques.—La révolution
française , née de la faiblesse , a grandi dans
le crime et vieilli dans les dignités.

RÉVOLUTIONNAIRE.—Cannibale d'Europe.

ROI.—C'est par erreur que ce mot a été
compris dans le Dictionnaire libéral ; il n'est
point d'usage dans cette langue.

L'un des hommes les plus vertueux de son siècle, si l'on en croit les journaux révolutionnaires, a dit : Les *Rois* sont dans l'ordre moral ce que les *monstres* sont dans l'ordre physique. Les doctrinaires trouvent la comparaison un peu forcée.

ROYALISTES.—Hommes que leur dévouement pour le Roi rend extrêmement dangereux, et qu'on devrait éloigner avec soin de tous les emplois importans.

S.

SANS-CULOTTES.—Ceux qui prenaient les culottes des autres.

SECRET.—Voyez Mystification.

SÉDITION. — Rassemblement innocent de gens qui se concertent paisiblement entre eux sur les moyens les plus efficaces de renverser le gouvernement de leur pays, qui a le grand tort de ne pas se mettre à leur discrétion.

SERMENT. — Substantif masculin qui signifiait autrefois promesse sacrée, engagement solennel. Ce mot désigne maintenant le mouvement machinal du bras droit.

S'ENROLER. — Action louable lorsqu'il

s'agissait de planter le drapeau de Napoléon sur les murs de Lisbonne ou sur les cendres du Kremlin.—Dévouement ridicule lorsqu'il s'agit de défendre son Roi et de garder son pays.

SESSION.—Époque durant laquelle les révolutionnaires donnent le plus fréquemment des signes de fureur et des preuves de démence.

SOUVERAIN.—Voyez Peuple. Ses amis craignent qu'il n'ait abdiqué.

SOUVERAINETÉ. — Autorité suprême. Depuis la chute de Napoléon, les libéraux ne reconnaissent que celle du peuple ; toute autre à leurs yeux est une usurpation. L'un des écrivains révolutionnaires les plus distingués, le comte abbé Syeyes, l'a écrit très-sérieusement. « Une nation, dit-il, est indépendante de toute forme. De quelque manière qu'elle le veuille , il suffit que sa volonté paraisse pour que tout droit positif cesse devant elle , comme devant la source et le maître suprême de tout droit positif. » Cet ouvrage, qui eut un grand succès au 10 août , vient, dit-on, d'être traduit en espagnol pour l'instruction des Cortès.

SUISSE.—Les libéraux ont fait comme le gouvernement ; ils en ont pris un à leur solde.

SUPERFLU.—Sous l'empire on appelait ainsi l'œil gauche d'un conscrit.

T.

TITRE. —Acte qui établit un droit : la conduite de Bonaparte au 13 vendémiaire fut un titre à l'estime des révolutionnaires.

Ce mot signifie aussi un acte qui établit une qualité ; *titres de noblesse* (voyez égalité). Les libéraux ayant toujours affiché un grand éloignement pour les titres de noblesse, on ne peut donc que leur savoir un gré infini d'avoir accepté ceux que leur imposa Napoléon, et de porter le courage jusqu'à les garder sous le Roi.

TRANQUILLITÉ.—Situation d'un pays que semblerait annoncer sa prospérité, et durant laquelle cependant les révolutionnaires éprouvent toute sorte de malaise.

TRÉSOR PUBLIC.—La famille des libéraux l'a long-temps regardé comme un bien patrimonial qui ne devait pas sortir de ses mains.   Elle ne s'est pas encore consolée de la perte de cet immeuble.

TRIBUNE. — Les temples religieux servaient autrefois de refuge aux coupables qui y étaient à l'abri des poursuites humaines.—La tribune sert de refuge à la sédition; elle y est inviolable.

TRONE.—Siége dont l'éclat et la solidité blessent les regards des révolutionnaires qui ne peuvent en supporter l'élévation ; partout où ils trouvent un trône leurs efforts tendent à le rabaisser au niveau d'une chaire curule.

U.

UNION. — Moyen de résistance, force de l'opposition. *Les royalistes ne se doutent guère de la puissance qu'ils auraient s'ils étaient unis.* Le système libéral doit tendre à les diviser continuellement.

UNIVERS. — Patrie des libéraux. — Ils adoptent tour à tour l'ancien et le nouveau monde, la Grèce et le Pérou, l'Espagne et le Chili ; mais ils donnent toujours la préfé-rence aux pays en révolution.

V.

VENDÉEN.—Soldat dont le dévouement consistait à défendre son pays et à mourir pour le Dieu et le Roi de ses pères. Napoléon loua publiquement le courage des Vendéens. Les sarcasmes libéraux se sont bien vengés de la faiblesse du grand homme.

VICTIME.—Ce substantif a une acception toute nouvelle dans la langue libérale; en 1791 des paysans ayant à leur tête un clerc de procureur, pillent, ravagent, incendient le château du comte N. ; pour échapper à la rage des incendiaires le comte quitte la France, on confisque ses biens; sa femme lui écrit, on la condamne à mort; son fils veut le rejoindre, il est fusillé. Sans famille, sans biens, le comte partage l'exil et les malheurs de son prince; il rentre avec lui en

France , où depuis 1814 il vit d'une pension de 1200 francs sur la liste civile. De son côté le clerc de procureur, après avoir été patriote, jacobin, conventionnel, républicain, impérialiste , jouit d'une fortune de cent mille francs de rente, d'un titre de baron, et du grade de commandant de la légion d'honneur ; mais comme il a perdu cent louis de dotation à Naples, on l'appelle une *victime* de la restauration, et celui qu'il a dépouillé est regardé comme un *protégé* du ministère.

VIEILLESSE. — (Voltigeurs). Objet de mépris pour des gens qui ne conçoivent pas que ceux qui portent de la poudre à soixante ans ont porté le mousquet à dix-huit.